DIE ABENTEUER VON TIM UND STRUPPI

DAS STICKERBUCH

von Veronica Paz
übersetzt von Christa Holtei

1 2 3 4   14 13 12 11 | Copyright © 2011 Paramount Pictures. All rights reserved.
Deutsche Übersetzung: 2011 Carlsen Verlag GmbH, Hamburg | Redaktion: Sabrina Janson | Herstellung: Petra Krück
Englische Originalausgabe: Little, Brown and Company | Hachette Book Group | 237 Park Avenue, New York, NY 10017
ISBN 978-3-551-73396-2 | Printed in Germany | www.carlsen.de

JAGD NACH DEM SCHATZ

Wer erreicht den Schatz zuerst? Spiele mit einem Freund zusammen und benutzt die Sticker von Tim und Kapitän Haddock als Spielfiguren.

START
Du findest das erste Pergament.

Setzt eure Sticker an den START. Werft eine Münze: Kopf = 2 Felder vor, Zahl = 1 Feld vor. Wechselt euch mit der Münze ab und bewegt eure Sticker über das Spielfeld. Wer als Erster am ZIEL ist, hat gewonnen.

GEHEIMCODE

Tim hat eine Nachricht im Morsealphabet an die Detektive Schulze und Schultze geschickt.

Morsealphabet

·–	A	–·	N
–···	B	–––	O
–·–·	C	·––·	P
–··	D	––·–	Q
·	E	·–·	R
··–·	F	···	S
––·	G	–	T
····	H	··–	U
··	I	···–	V
·–––	J	·––	W
–·–	K	–··–	X
·–··	L	–·––	Y
––	M	––··	Z

Entschlüssle den Code und klebe für drei der Lösungswörter die passenden Sticker ein!

... --- ...   [_____]

- .. --   [   ]

... - .-. .. -.-. ..-. ..   [   ]

... . -.-. ..- .-. . -..

.- .. -. .   [_____]

... . - .   [   ]

ALLE MANN AN DECK!

Kannst du das Bild der *Einhorn* richtig zusammensetzen? Die Puzzle-Sticker findest du auf dem Stickerbogen.

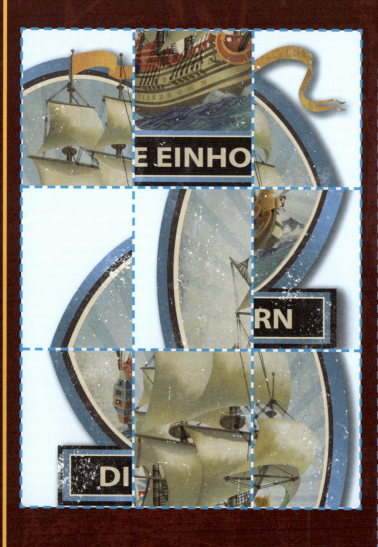

TREUE FREUNDE

Tims Freunde stehen ihm bei all seinen Abenteuern zur Seite. Suche für jeden den richtigen Sticker!

Tims bester Freund findet lieber Knochen als Schätze.

Sein berühmter Vorfahr ist Frantz, Ritter von Hadoque.

Sein Bart ist nach oben gezwirbelt, aber ansonsten sieht er genauso aus wie sein Partner.

Schau genau hin: Sein Bart ist nach unten gekämmt.

EINE FATA MORGANA?

Tim und Haddock grübeln, wie sie aus der Wüste herauskommen. Spiele mit einem Freund *Drei gewinnt* oder *Dame,* bis sie es schaffen. Verwendet dafür die runden Spielsteine vom Stickerbogen.

TIM

HADDOCK

BEREIT FÜR ABENTEUER!

Auf der Jagd nach einer guten Geschichte gerät man leicht in Gefahr. Zum Glück weiß Star-Reporter Tim sich immer zu helfen. Klebe die Sticker ein und du siehst, wie er entkommt.

Tim fliegt durch die Luft.

Tim entkommt einer Flutwelle auf dem Motorrad.

Zum ersten Mal fliegt er ein Flugzeug!

Manchmal ist es am besten, einfach wegzurennen!